## Zum Autor

Geboren 1932 in Nordhorn / Niedersachsen

Nach dem Abitur Arbeit im Straßenbau, Montagebau, in der Textilindustrie und in den Nordhorner Stadtwerken

Studium der Philologie, Philosophie und Theologie in Marburg und Freiburg

Schuldienst bis 1994

Verheiratet, drei Kinder, lebt in Bad Karlshafen / Weser und in Santa Magdalena im Maestrazgo / Spanien

Herstellung: Books on Demand GmbH
ISBN 3-8311-3999-7

# Helmut Temme

# leugne den winter

# Gedichte

Die vorliegenden Gedichte sind eine Auswahl aus
den Jahren 1981 bis 2002.

Fotos: Gisela Temme

# Jahres Zeit

# frühlingsanfang

gehofft habe ich
unablässig
bis heute
mein warten verhalten
geduldig verschwiegen
mißtrauisch verborgen
hinter freundlichen lidern
mein hoffen
und ungesagtes erwarten

und endlich

sie traten hervor
ungenötigt
übersehen
nicht beachtet
vom gierigen blick nach frühling
die ersten halme
nadlig
scheu
grünes in aussicht stellend
und erdige wärme
hervorgetreten
aus dunkler nässe
haben gewonnen
die mitte des tags
hochsonnig
im erneuerten blau
und steigen
zum grün sich bekennend
unmißverständlich
in die glocke des lichts

# Mainacht

zischendes Rauschen
jagender Autos
drunten
vergehend in Weite
Kuppel der Dämmerung
Wolkenzug
lautlos nach Norden
im weißen Licht
des gelassenen Mondes
und zaghafter Duft
von Gras und Petunien
verloren in Kühle

Zeit ist
Raum
ist Zeit
und Vergehen
hoffend
Vollendung

drüben
unter dem Horizont
aus dem Dunkel

hat begonnen die Nachtigall

## Sommerabend

Wolken
fedrig gewischt
auf weißem Blau

der Schwalben
Sturz und Schrei
hoch im Licht
Licht
rot
hinter meinen Lidern

ich habe teil

## Sommernacht

lauschend
dem bebenden Sirren
rings
über den dunkelnden wiesen
wo

und schauend
hinauf
das sprühende Silber
fern
wie die Klänge der Kindheit

ein Stern
ich wußte seinen Namen

meine Augen
empfangend
die Frucht
der blauenden Kühle

und mein Herz
horchend
horchend

## Spätsommer

dem bebenden Schwingen
im Schatten der Nacht

der Weite
grau und steil
über dem Horizont
des Waldes
ahnend

dem Anwind
der Kühle
aus dem Dunkel

und

dem verlorenen Ruch
alten Wassers
streifend vom Fluß

dem raschelnden
Aufatmen
des Strauches

horchend
spähend
fühlend
im Nächtlichen

und denkend
denkend
wohin
bin ich

wohin
bin ich

## herbst I

die selbstherrlichen dahlien
noch geben sie nicht auf
doch ihr glühen
erschöpft
neigt sich herab
die rosen
klammernd
hoch am gitter
doch ihre blüten
sind schon
gefallen
auf feuchten stein
noch hält der strauch
seine blätter
vergilbt und vergessen
mühsam im steilen geäst
und steht still
wartend

ich habe die tür geschlossen
und das licht entzündet
das stets bereite
in der dämmrigen kammer
denn groß werden die schatten
und kühle
lautlos
hat besitz ergriffen
vom unausweichlichen abend

## Spätherbst

der wald
bringt sein grün
in sicherheit
blätter
faulendes laub
auf durchnäßtem acker
schnee
wird ruchbar

ich hole
die hoffnung
aus der tiefe
und stelle sie
in die letzten strahlen
der erschöpften sonne

## herbst II

dennoch
tritt hinaus
in das wartende licht
sinkend
wärmt es noch
deinen begonnenen abend
öffne
deine augen weit
und bewahre
die letzte rose
zitternd im wind
doch
strahlend
noch
vor dunkelndem grund

und

nimm wahr
gelassen
den schrei
den schrei
des kranichs
hoch
im irgendwo

## leugne den winter

leugne den winter
halte ihn abseits
fern
vom schlafenden hirn
erfüllt
von klingender sonne
und wärmender hoffnung
starre nur
verzückt
auf die letzte rose
vergessen
hoch am gitter
doch halte stand
sie ist vergangen
und fault

weiß und lautlos
fällt die kälte
herab
unablässig
auf den mut
deines traums

## november

die letzten blätter
geben auf
der strauch
hat sich abgefunden
und
auf das dunkel
eingestellt
hier
sang die drossel
vor
langem sommer

## die heiligen drei könige I
## (das weihnachtskarussel)

unterwegs
unablässig
laufend im kreise
unablässig
doch unbeirrt
hütend
richtung
glaubend
den stern
mühsam haltend
kostbares geschenk
gebückt die schultern
vom endlosen weg
und sind unterwegs
unablässig
und kommen vorbei
unaufhörlich
und kommen an
nie

## die heiligen drei könige II

Macht
sind wir
gewaltig
ragen unsere kronen
und
unerschütterlich
stehen unsere füße

doch

erhellt
vom licht
über uns
werden wir
in bewegung gesetzt
den abend zu erreichen
und
uns zu unterwerfen
der Unschuld

## weihnachten 1989

tragen
was auferlegt
sich versagen
was erhofft

doch

die blüte am fenster
ist geöffnet

# weihnachten 1990

ihr könige
ihr seltsamen heiligen
kehrt um
und herrscht wieder
wie vorher
ihr schenktet ohnehin
verkehrtes

ihr hirten
los
macht eure mürben knie
wieder gerade
und lauft zurück
zu eurer dornigen arbeit
ihr habt
genug angebetet

du
josef
steh nicht herum
faß dein werkzeug
und schaffe
was festes
aus hartem holz

auch du
maria
guck dich um
und tu was vernünftiges
verschwende nicht
wertvolle zeit
mit stummem betrachten

auch der sture ochse
und der zottige esel
sollen
weiterfressen
es gibt
doch nichts lohnendes zu sehen

und du
kind
in struppigem stroh
atmend
und bewegend
winzige arme
siehe
dein stern
laut verkündet
von engeln
geht vorüber
und
nacht bleibt nacht

## Spätwinter

harsche blätter
gewesener herbst
wiederentdeckt
und aufgeschreckt
vom frühreifen märz
hämisch getrieben
über schienen und frost
und
fallengelassen
neben
dem blechernen
unmäßigen tor

## märz

das licht
steigend
in die kuppel des mittags
und
den ruf des vogels
der sein schweigen vergißt
und hoffnung riskiert

doch

kälte
weiß
auf flächen und höhen
rings
läßt kein ende
mich erblicken

# Judas

Ein Stern
fuhr glühend aus dem All
zersprang auf seiner Hand
und hat
den Tod in sie gebrannt.

Sein Schrei
bleibt stumm. Sein Blick
erlischt in Nacht. Ihm ist kein Pfad.
Er wird
vollziehen
den Verrat.

## Jahres Zeit

Blühen
durfte ich
in strahlen
der sonne
hohen mittags
und
habe mich erfreut
meiner farben

nun

ist zeit
zur Frucht
mir aufgegeben
und
ich bekenne mich
zur Erde

# Anschauungen

# kinder

rotwollig
geschlungen
ihr schal
glitzerbenetzt
vom kristall heißen atems
weißwolkig

darüber
die wangen
warm schimmernd
die augen
glänzende spiegel
voll kühler sonne
die mützen
wippende kegel
vergessen

schlittschuhe
kreisen drehen
schleifen
scharten
pulvriges eis

jubelnd
ihre stimmen
klingen sprühen
durch schwarzes geäst

über ihren schnee

glück

## Situation

Mond
im kühlen Spiegel
des Teiches
die bleichen Fassaden
gestellt
rings um seinen Glanz
Schönheit
unbefragt und verschwiegen
Verstummen erzwingend

Freunde
vermutet hinter den Mauern
redend
und mir begegnend

ich bleibe stehen
vor der nächtlichen Brücke
stütze die Hand
auf den feuchten Stein
den unvertrauten
und verliere mein Warten

## Ungarn

Glut
überm stoppelfeld
die herde
birgt sich unter
dem akazienbaum
sonnenblume
endlos
beugt sich
erschöpft
dem licht

## Toskana

spätes licht
schwebt schatten
über olivfarbes feld
schläfrig
das falbe gehöft
zypressen
wahren den horizont
und bemessen
den unbescheidenen blick
noch
ruht der weinstock
und harrt
gelassen
seiner frucht

## Die Türme von San Gimignano

Wir
sind die Stadt.
Riesig ragen wir
und nutzlos.
Vorhanden sind
die schwere Mauer
in der Tiefe
und der wichtige Brunnen
auf altem Platz
doch
die Stadt
sind wir.
Mond
bescheine
unsere finstere Höhe
vor blauem Grund.
Denn
wir erinnern
stumm
vergessene Geschlechter.

## Grenze 1986

türme
mauer
mauern
mauern
eingang
sperren
sperren
ausgang
türme

halt

gitter
beton
tempo drosseln
stillstand

nicht ausatmen

befehl
paß
mein wort
gedacht
bezwungen
hinter gittern

warten

atmen

halt

die blume
in der tiefe
am stein

## grenze 1990

im todesstreifen
reifenabdruck
und marlboroschachtel
stilleben
unübersehbar
auf sand
stacheldraht
geballt
rostend
im junigras

und

betonpfosten
noch linientreu
ragend
zwischen Sorge und Elend
in die himmlische einheit

## thomas

mein alter säuft
meine mutter is wek
ich mach kaputt

meine mutter säuft
mein alter macht kaputt
ich geh wek

ich saufe
mein alter is wek
meine mutter

ich mach kaputt

mach dich nur nich
die solln mal wagen
versuchs doch
kommir blos nich
nocheimal und
is mir scheisegal
ich werdsin zeign

wenn die
dann is was los
wenn der
junge dann gibs zoff

nocheimal
und du wirstsehn

dann gibs bambule

ich bin doch
glaubstu ich mach

mein alter säuft
meine mutter is wek
ich mach kaputt
machich
meinalten

ich weis nich

na und
hau ab
las mich

ich geh wek

## bild

treppe
stufend
und stufend
ins offene

in furcht
und vermutung

und stetige frage

doch
licht
aus vertrauter höhe
entgegnet

## stilleben

ein krug

fettes blau
vorgestreckter bauch
und ein überheblicher henkel

und ein steiles glas
in wartestellung
halb gefüllt
vielleicht kommt noch was

und ich

den wein entnehmend
dem krug der sich beugt
füllend das starre glas
das sich anbietet

nun trink doch
wir sind für dich da

ich gebe nach
horchend

auf die uhr
die noch tickte
die noch getickt hat
die uhr
wo ist
die uhr

und trinke
weitermachen

wohin

## pflegefall

parkplatz
reihe D nummer siebzehn
plattenweg
stufen waschbeton
fensterfront
drehtür
foyer laminat
grünpflanzen
infotafel
schalter

treppe
handlauf kunststoffbeschichtet
rechts herum
und rechts herum
glastür lichtschranke
flur
linoleum geruch sagrotan
rollstühle
erste zweite dritte vierte
fünfte tür links
elfenbeinlackiert
klopfen

klinke

Ich bin eingetreten.

Ich bewältige Beklemmung.
Ich rufe ein Lächeln ab.
begrüßung guten tag
lange nicht gesehen
immer schon mal wollen
usw.

gesicht reduziert
augen konzentriert
Ich entdecke mühevolles Erinnern.

mundöffnung
lippen bewegung
entstehend laute
atem
laute

und jetzt
ein wort
gelingend
und wieder
laute

pause

„ja ija
 gutn t tt
 iren pr priv
 bö bö
 dan ja"

frage nach befinden
automatik
„nu nu nun
 d dd di di
 fle fle flega
 s ss sin sinso
 wü wü
 wüch wüchsislos
 los d di di
 h hch
 s ss
 pw ww
 ww w"

mund speichel naß
speichel herab
fingerknochen taschentuch
Ich hebe das Taschentuch
vom Fußboden auf
lege es auf die Bettdecke.
„dan
 dan
 p phphphhh"

das zimmer
freundlich
die wände:
strukturtapete beige
abwaschbar
in augenhöhe:
messingkreuz
und dürers betnd.hde.
in spritzguß auf teak
kalenderblatt heilpflanzen aquarell
das fenster:
breite mal höhe
alurahmen
wiesenblick
gardinen dralon dreißig grad
weiß
das bett:
weiß
und weiß
der nachttisch:
stahlblech weiß
zeitschriften
radiorecorder quelle universum
handlich
abfallkorb:
bast taiwan
die lampe:
milchglas hell kugel
der tisch:

ein mal ein meter
resopal kratzfest
zwei stühle:
stahlrohr pvc gelb
stahlrohr pvc blau
stabil
der schrank:
kiefernfarbig melamin
das waschbecken:
weiß gewölbt
einhandmischbatterie
funkelnd
der fußboden:
nadelfilz beige meliert

und wieder
atem
lippen bewegung
„ ja
  ia so so sin
  so sin ddi
  hir ale
  a a a aba
  son son sons
  bin ich . . ."

klinke
kittel raschelnd
stimme mild:
„So, jetzt müssen wir aber schön
schlafen,Opa,
es ist schon spät für uns."
blick
freundlich
kissen schütteln
tropfen
lächeln

abschied endlich
flucht
und scham

und
Dürers „Betende Hände"

geheiligt werde
im himmel
unsere tägliche schuld
vergib uns auf erden
dein wille
heute
und erlöse uns
von
erlöse uns von
in ewigkeit
uns
dein name
amen

# Raum

andere
andere Köpfe
andere Haare

andere Stimmen
andere Worte
andere Sätze Sprüche Flüche
anderes Lachen

andere Stühle
anderer Geruch
anderes Licht
andere Wände
andere Vorhänge
andere Fensterbänke
andere Pflanzen
anderer Fußboden
andere Zimmertür

andere Stimmen
anderes Gelächter
andere Laute
andere Laute

andere Jacken
andere Hemdkragen
andere Hosenbeine
andere Schuhe

verharren
bleiben
vorhanden sein
raum statisch
winkel flächen
innen und jetzt
flucht illusion

konstruktion
es
wände flächen decke
unten
hoch ecken
ach so ich
denken atmen

und dasselbe
andere licht
dieselben anderen wände
dieselben anderen stimmen
dieselben anderen laute
dasselbe andere gelächter
dieselben anderen köpfe haare
dieselben anderen
laute worte

dasselbe andere ich
das andere selbe andere
selbe ich

# kneipe

wer

konturen schatten farben
laute
gelächter
stoßend
kratzend

abwenden vermeiden

gelächter
prallend auf die haut
prasselnd tropfend

hören ertragen

wer

rücken gekurvt
arme gelagert
haare gelb haare schwarz
haare
im ziehenden rauch

wissen wegsehen
gehirn klammernd

würfel knallend
und worte worte laute
rinnend von den wänden
streuend über belanglose tische
über spreizende stühle
worte worte laute
worte
laute worte

wirrend
durch geruch
und rauch
tropfend vom gebälk

konturen worte laute

wer

## Apokalypse (documenta IX)

der schrei
rotierend
in der tiefe
unablässig
steigend
durch räume
zum
sternbild des menschen

**blüte zitternd am halm**

## für katja

ich bin blatt
am aufrechten zweig
ich bin blüte
zitternd am halm
und reifende frucht
das licht der sonne
finde mich
täglich
und der wind
streifend von irgendwo
rühre
in sanfter feuchte
mein atmendes grün
vergiß mich nicht
mein schöpfer
und trage
mein wachsen
in deiner liebe
immerzu

## an katja

verlaß dein gefängnis
hebe deine augen
und blicke hinaus
das tor ist geöffnet
nimm dir mut
aus dem schlagenden herzen
und hole tief atem
tu den schritt
den ersten
nach langem traum
von dunkelheit
und fordere heraus
das licht
jenseits der mauern
das sich bereithält
dich zu erwarten

**tür**

sie hat
keinen sinn mehr
die tür
fern
am zuversichtlich vermuteten
horizont
weit
wäre sie zu öffnen
(ich bin sicher)
bereit
zum einlaß
dem breiten
beliebigen

doch

vergeblich
wartet sie
auf den heimlich erhofften schritt
der
nicht fürchtet
ihren zugang
ins freie

## die blume

sie stand
und blühte
vorbehaltlos
keine bedingung'
stellte sie
frei
und offen nach überall
nahm sie ein
ihren hellen platz
ohne forderung
und anmaßung
bescheiden
doch
in zweifel gezogen nie

heute

betrete ich
wieder
ihren platz
erschrocken
nach beiläufigem vergessen
nehme ich sie wahr
noch
hält sie stand
doch
ihr mutiger glanz
früherer sonne
ist verkommen
in nebel
und kälte
ihr strahlen
in duftender schönheit
bleiche erinnerung
stumm und mühsam
hinter der matten stirn

versinkend
in der begonnenen
unaufhaltsamen
nacht
und verlangend
nach meinem traum

# Katja

## 1.

der atem

stürzen
stürzen

heimkehr
endlich

## 2.

Liebe
würgend den Atem
Schuld
klammernd das hilflose Herz
und Verzweiflung
lähmend den Schritt
ach
mag auch
die Drossel
besingen
den erlöschenden Tag
dankbar
und unbeirrt
wie im vergangenen Sommer
und
die Rose
glühend in schönheit
sich wieder entfalten
wie damals
singen und beten
sollte ich
und die Augen öffnen
dem Glück
das nach mir verlangt
rings
unter Sonne und Blüten
doch
ich fliehe
ohne zu hoffen
Licht

# 3.

die wolken
weiß und üppig
noch
vor dem lächelnden blau
und
das nachsichtige gelb
des beendeten herbstes
bewahrt
in den beständigen bäumen

und dann
ach
gott mein vater
hilf mir bestehen
den gang hinauf
zu dir
mein kind
geliebt
und entrückt
unter der dunkelnden erde
und
den vergeblich strahlenden
hoch aufgerichteten
rosen
ein vogel
irgendwo
hinterläßt
beiläufiges verlauten
von dasein
noch
vermag ich tränen
erschöpft
zu verlieren
aus geduldetem antlitz
und
zu atmen

**4.**

mein schatten
maßlos
deckt dein grab
dürfen
selbst deine blumen
nicht sich freuen
des lichts
das ihnen zusteht

**5.**

das bleibt

grabpflege
regelmäßig
und sorgfältig

die blumen
im staub
wässern
gründlich
das kraut
das unablässig wuchernde
entfernen
gänzlich
und
den weg
rings
säubern
von unpassendem

und

nächtlich

der blick
in den abgrund
den lodernden
der schuld

## 6.

mein atem
tragend
das gewicht
deines todes
nach überstandener nacht
nach überwundenem tag

draußen vorm fenster
die knospe
der letzten rose
wird sich nicht mehr öffnen

mühsam
schlägt mein herz
zu überwinden
den tag
zu überstehen
die nacht
zu tragen
deinen tod

**7.**

dein sanftes
bild
mutigen lächelns

unter der
täglich erneuten
rose

qual
und glück
mir

**konturen**

## Verständigung

Bilder
Bilder denken
die Lippen öffnen
einatmen
und sprechen:
Schall –
und sagen:
was –
äußern
sich äußern
sich entäußern
sich erinnern

Subjekt: ich –
und kein Prädikat

wer frei sein will
muß
einsam sein

die Rose
sollte nicht blühen

## erfahren I

Tiefe

an ihren Wänden
feuchte Verlassenheit
schwarze Trauer

ich greife
und suche
den Halt

über mir
wartet das licht
versteckt
hinter gekrümmtem Rand
in hallender Höhe

ach
laß mich erklimmen
die helle Hoffnung

oder

endlich versinken
rückwärts versinken
in rinnendes Vergehn

**nicht**

ich helfe
nicht
ich teile
nicht

ich beteilige mich
nicht
ich solidarisiere mich
nicht
ich begeistere mich
nicht
ich begeistere
nicht
ich empöre mich
nicht
ich widersetze mich
nicht
ich bekämpfe das Unrecht
nicht
ich kämpfe
nicht
ich sage die Wahrheit
nicht
ich bekenne
nicht
ich verantworte mich
nicht

ich liebe
nicht

ich
unterlasse
ich
bleibe schuldig

## konturen I

ich warte
ich hoffe

ich möchte
ich wünsche
ich begehre

ich will

ich sehe vor
ich beabsichtige
ich plane

ich beschließe

ich fürchte
ich zaudere
ich schrecke zurück

ich würde
ich sollte

ich will es versuchen

ich will es versuchen

bald
demnächst
später

voraussichtlich
hoffentlich
möglicherweise
gegebenenfalls

vielleicht

sofern
falls
wenn

bevor
vorausgesetzt
sobald

ich

wartend
aufschiebend

wegsehend
verdrängend

ausweichend
fliehend
mich verbergend

hinnehmend
resignierend

verlierend

habe ich angefangen
habe ich getan
habe ich vollendet

bin ich bin ich bin
die metamorphose
schuldig geblieben

## konturen II

wach bleiben
nicht in schlaf fallen

sich erheben
nicht aufgeben

weitergehen
nicht stehen bleiben

aushalten
nicht zur seite schauen

darauf zugehen
nicht ausweichen


wahrnehmen
nicht die augen schließen

zuhören
nicht sich abwenden

antworten
nicht die achseln zucken

rufen und ansprechen
nicht die stimme zurückhalten

die hand ausstrecken
nicht sich umdrehen

ja sagen
nicht mit dem kopf schütteln

handeln
nicht geschehen lassen

ich

sollte mich aufraffen
möchte mich entschließen
müßte es riskieren
wäre verpflichtet
hätte die aufgabe
sollte mir einen ruck geben
könnte versuchen
müßte es mir vornehmen

wach zu bleiben
mich zu erheben
weiterzugehen

auszuhalten
darauf zuzugehen

wahrzunehmen
zuzuhören
zu antworten
zu rufen und anzusprechen
die hand auszustrecken
ja zu sagen

zu  handeln

Ich falle in Schlaf.
Ich gebe auf.
Ich bleibe stehen.

Ich schaue zur Seite.
Ich weiche aus.

Ich schließe die Augen.
Ich wende mich ab.


Ich zucke die Achseln.
Ich halte meine Stimme zurück.

Ich drehe mich um.
Ich schüttele mit dem Kopf.

Ich lasse geschehen.

## konturen III

das Nachdenken
und Einsehen
das Erkennen

der Vorsatz

das Sich-Abfinden
das Nachgeben
und Weitermachen
das Laufenlassen
und das Verdrängen

älter werden
kleiner werden
geringer werden
Zeit verlieren
Zeit verschleudern
Zeit verschlafen
das Ende wissen
und ihm den Rücken kehren

Kräfte nicht nutzen
Erkenntnisse nicht vermehren
Urteil nicht vertiefen
Willen nicht stärken
Gefühl nicht steigern

Verantwortung nicht übernehmen

sterben werden
vergehen werden
überflüssig sein
umsonst gewesen sein

null

oder

## Verlauf

hier
ist mein haus
und mein boden
fest und eben
ich sehe den horizont
rings
gerader strich allseitig
geschlossen

und doch

suchte ich
und habe gefunden
nach und nach
stück für stück

hölzer

rammte pfähle
rings
allseitig
immer wieder
den ausbruch mir verweigernd
befestigte bretter
und habe geschlossen
rings
allseitig
einen horizont
vor dem horizont

jetzt

bin ich sicher
und eingeschlossen

die sonne
mag aufgehen
und sich nähern
die wolken
mögen streifen
die kuppel
im zenit
hoch über mir
ich lege die müde hand
auf den kalkigen stein
in den trockenen dornen
schaue hinauf
und blicke mich um
im sanften takt
meines blutes

wissend
es wartet die nacht
dennoch

## erfahren II

der sang der drossel
klingend
im rauschenden grün
ist nicht vergangen
das fest der blüten
im stillen apfelbaum
wird mir bleiben
die wärme
der milden sonne
auf geschlossenen lidern
werde ich besitzen
für immer

nie verlieren werde ich
dein lächeln
die seele deiner augen
mir hingegeben
meiner kinder liebe
gnade und glück
werde ich halten
im stetigen ticken der zeit

denn

unverloren
wird bewahrt
was vergangen scheint
nicht widerrufen ist
was geschehen
schon vorhanden ist
was sein wird

zeit
begriff
konstrukt
mühsam gedacht
und zerfallend
in unablässiger wiederkehr
von entstehen und enden

## erfahren III

mag der wind
stürmen
wann und wohin
er will
und das wasser
strömen
seinen weg
ungehindert
mag
der baum
wachsen
nach seinem gesetz
und der schnee
decken
die erde
wenn seine zeit
endlich
gekommen

ich
finde mich ab
erschöpft
und hoffe
frieden zu bergen
im haus

## Verständigung II

Sprache
ging zugrunde.
Gebrochen ist
die Brücke der Worte.
Aus dem
Abgrund
ihrer Trümmer
steigen Schreie.
Schweigen
siegte.

## Im Winter

Überhöre
die grellen Belanglosigkeiten
lärmend
breiten sie sich aus
über deine unwiederholbaren
Sekunden
und Jahre

Doch
laß hinter dir auch
die sanften Verführungen
die unerkannt
eindringen
in deine Träume
und Fragen
und den Boden verseuchen
den mühsam bestellten
des Erkennens

Bleibe wach
unterwirf dich nicht
den Erinnerungen
betrachte
gelassen aus kühler Ferne
die verhätschelten Erwartungen
und fiebrigen Hoffnungen
und widersteh
ihrem flackernden Glanz

Trenne dich
endlich
vom Unrat
dem ständig angehäuften
des Vordergründigen
und Überflüssigen
des Vergeblichen
und Verlorenen

des Verrats

Halte inne
im keuchenden Lauf
hörst du die Erde
nimm wahr ihre Tiefe
und horch
auf das sichere Licht
der Höhe

## Reflexe

Erde        Himmel
      ich
blind
blickend zur Höhe
taub
horchend zur Tiefe
stetig
ohne Zeit
qualvoll
mich
überlebend
Gott
wird
Mensch
wird Gott
muß werden
Mensch
immer
neu und jetzt

Erde
ist
Himmel
ist
Erde
bleibt
Himmel
Erde
ist

taub
blind
ich
wo

# Dasein

emporgehoben
aus dem Es
und Wesen geworden
Zeitbeginn
Bewußtsein
und Werden
zum Vergehen

Phase
Licht und Klang
Empfangen und Tat

und fallend
aus der Zeit
schwindend
und endlich
heimkehrend wieder
in das Es

# Steine Spaniens

## Maestrazgo I

ich bin erde
nimm mein antlitz wahr
und entscheide dich

horizonte
schwingend in weite
doch
ihre messersschärfe
hält keinen traum bereit

felsengrau
duldend
holzenes grün
und sich verlaufende
kalkene wälle

geruch
nach lehmigem staub
und ziegenherden

und der endlose laut der zikade

du liebst mich
mir ist es gleich
doch
lasse ich
deinen schritt auf den steinen
zu

## Santa Magdalena I

Mein Baum

unbeirrbar und sicher
sein Dunkel
vor der schwingenden Silhouette
der Sierra Irta

ein Zweig
scheu bewegt

ergrauender Abend

und
zaghaft herüber
der Ruf des Kuckuck

## Vallibona

hoch über
anmaßenden felsen
schreibend
schwarzes zeichen
in glühendes blau

der Adler

kreisende chiffre
unendlichen lichts

## Francisca

dreizehn kinder
gegeben
zum licht

not
kirche
gewalt

und sterben
mit achtundachtzig

## Maestrazgo II

horizonte
schwingend in weite
doch
ihre messerschärfe
hält keinen traum bereit

felsengrau
duldend holzenes grün
und
kalkenes geröll
in glühender schlucht

geruch
nach lehmigem staub
und ziegenherden

und

rings im unbestimmten
der endlose laut
der zikade

## Santa Magdalena II

atmen
den scheuen duft
des thymian
im steinigen tal
und
den ruch
schwarzen feuers
vom holz
des algarrobo
wenn der nordwind
sich brüstet

schmecken
den saft der erde
im fleisch
der gekernten olive
und
den herzschlag
spröden sommers
im braunen wein

lauschen
dem ruf des kauzes
im grauen rauschen der nacht
und
dem ticken
der zeit der zeit der zeit

schauen
vom dach des hauses
die finstere silhouette
der sierra
unter dem eislicht
des mondes

und fühlen
unter der sohle
die knirschende härte
gesprungenen lehms
und
auf der alternden stirn
die wärme
steilen mittags

## Maestrazgo III

finstere horizonte
unter
sprühendem silber
bebendes rollen von trommeln
hinter
nördlicher ferne

der
ruf der eule
und
raschelnd herab
im dunkel
das trockne blatt

# Steine

hinnehmen
gelassen
der unmäßigen Sonne
steiles Feuer
das die Felsen schlägt
und den grünen Schatten verschlingt
der lautlosen Echse

sich ducken
dem kühlen Regen
der dunkelt und löscht
und
herab
rinnt
in trockene Tiefe

nicht beachten
den Sturm
der aus Sternen stürzt
des Nachts
und durch die Pinien zischt

Zeit
vergessen
doch
bewahrt
auf spröder Erde
Himmelsraum

# Inhalt

## Jahres Zeit

## Anschauungen

# blüte zitternd am halm

# konturen

# Steine Spaniens